海洋观测预报管理条例

中国法制出版社

2023年最新修订

海洋观测预报管理条例

中国法制出版社

目 录

中华人民共和国国务院令（第764号） ………（1）

国务院关于修改和废止部分行政法规的决定

（节录） ……………………………（2）

海洋观测预报管理条例 ……………………（4）

中华人民共和国国务院令

第 764 号

现公布《国务院关于修改和废止部分行政法规的决定》,自公布之日起施行。

总理　　李强
2023 年 7 月 20 日

国务院关于修改和废止部分行政法规的决定（节录）

为贯彻实施新修订的《中华人民共和国行政处罚法》，推进严格规范公正文明执法，优化法治化营商环境，并落实修改后的《中华人民共和国人口与计划生育法》等法律，国务院对涉及的行政法规进行了清理。经过清理，国务院决定：

一、对14部行政法规的部分条款予以修改。

二、废止《产品质量监督试行办法》（1985年3月7日国务院批准　1985年3月15日国家标准局发布　根据2011年1月8日《国务院关于废止和修改部分行政法规的决定》修订）。

本决定自公布之日起施行。

附件：国务院决定修改的行政法规

附件

国务院决定修改的行政法规

……

十、将《海洋观测预报管理条例》第十条第三款中的"批准"修改为"备案"。

第三十一条修改为:"设立、调整海洋观测站(点)未按照规定备案的,由有关海洋主管部门责令限期改正,处2万元以上10万元以下的罚款;不符合海洋观测网规划的,责令限期拆除;逾期不拆除的,依法实施强制拆除,所需费用由违法者承担。"

……

此外,对相关行政法规中的条文序号作相应调整。

海洋观测预报管理条例

(2012年3月1日中华人民共和国国务院令第615号公布 根据2023年7月20日《国务院关于修改和废止部分行政法规的决定》修订)

第一章 总 则

第一条 为了加强海洋观测预报管理，规范海洋观测预报活动，防御和减轻海洋灾害，为经济建设、国防建设和社会发展服务，制定本条例。

第二条 在中华人民共和国领域和中华人民共和国管辖的其他海域从事海洋观测预报活动，应当遵守本条例。

第三条 海洋观测预报事业是基础性公益事业。国务院和沿海县级以上地方人民政府应当将海洋观测预报事业纳入本级国民经济和社会发展规划，所需经费纳入本级财政预算。

第四条 国务院海洋主管部门主管全国海洋观测预报工作。

国务院海洋主管部门的海区派出机构依照本条例和国务院海洋主管部门规定的权限，负责所管辖海域的海洋观测预报监督管理。

沿海县级以上地方人民政府海洋主管部门主管本行政区毗邻海域的海洋观测预报工作。

第五条 国家鼓励、支持海洋观测预报科学技术的研究，推广先进的技术和设备，培养海洋观测预报人才，促进海洋观测预报业务水平的提高。

对在海洋观测预报工作中作出突出贡献的单位和个人，给予表彰和奖励。

第二章 海洋观测网的规划、建设与保护

第六条 国务院海洋主管部门负责编制全国海洋观测网规划。编制全国海洋观测网规划应当征求国务院有关部门和有关军事机关的意见，报国务院或者国

务院授权的部门批准后实施。

沿海省、自治区、直辖市人民政府海洋主管部门应当根据全国海洋观测网规划和本行政区毗邻海域的实际情况，编制本省、自治区、直辖市的海洋观测网规划，在征求本级人民政府有关部门的意见后，报本级人民政府批准实施，并报国务院海洋主管部门备案。

修改海洋观测网规划，应当按照规划编制程序报原批准机关批准。

第七条 编制海洋观测网规划，应当坚持统筹兼顾、突出重点、合理布局的原则，避免重复建设，保障国防安全。

编制海洋观测网规划，应当将沿海城市和人口密集区、产业园区、滨海重大工程所在区、海洋灾害易发区和海上其他重要区域作为规划的重点。

第八条 海洋观测网规划主要包括规划目标、海洋观测网体系构成、海洋观测站（点）总体布局及设施建设、保障措施等内容。

第九条 海洋观测网的建设应当符合海洋观测网规划，并按照国家固定资产投资项目建设程序组织实施。

海洋观测站（点）的建设应当符合国家有关标准和技术要求，保证建设质量。

第十条 国务院海洋主管部门和沿海县级以上地方人民政府海洋主管部门负责基本海洋观测站（点）的设立和调整。

有关主管部门因水利、气象、航运等管理需要设立、调整有关观测站（点）开展海洋观测的，应当事先征求有关海洋主管部门的意见。

其他单位或者个人因生产、科研等活动需要设立、调整海洋观测站（点）的，应当按照国务院海洋主管部门的规定，报有关海洋主管部门备案。

第十一条 海洋观测站（点）及其设施受法律保护，任何单位和个人不得侵占、毁损或者擅自移动。

第十二条 国务院海洋主管部门、沿海县级以上地方人民政府海洋主管部门，应当商本级人民政府有关部门按照管理权限和国家有关标准划定基本海洋观测站（点）的海洋观测环境保护范围，予以公告，并根据需要在保护范围边界设立标志。

禁止在海洋观测环境保护范围内进行下列活动：

（一）设置障碍物、围填海；

（二）设置影响海洋观测的高频电磁辐射装置；

（三）影响海洋观测的矿产资源勘探开发、捕捞作业、水产养殖、倾倒废弃物、爆破等活动；

（四）可能对海洋观测产生危害的其他活动。

第十三条 新建、改建、扩建建设工程，应当避免对海洋观测站（点）及其设施、观测环境造成危害；确实无法避免的，建设单位应当按照原负责或者批准设立、调整该海洋观测站（点）的主管部门的要求，在开工建设前采取增建抗干扰设施或者新建海洋观测站（点）等措施，所需费用由建设单位承担。

第三章 海洋观测与资料的汇交使用

第十四条 从事海洋观测活动应当遵守国家海洋观测技术标准、规范和规程。

从事海洋观测活动的单位应当建立质量保证体系和计量管理体系，加强对海洋观测资料获取和传输的质量控制，保证海洋观测资料的真实性、准确性和完整性。

第十五条　海洋观测使用的仪器设备应当符合国家有关产品标准、规范和海洋观测技术要求。

海洋观测计量器具应当依法经计量检定合格。未经检定、检定不合格或者超过检定周期的计量器具，不得用于海洋观测。对不具备检定条件的海洋观测计量器具，应当通过校准保证量值溯源。

第十六条　国家建立海上船舶、平台志愿观测制度。

承担志愿观测的船舶、平台所需要的海洋观测仪器设备由海洋主管部门负责购置、安装和维修；船舶、平台的所有权人或者使用权人应当予以配合，并承担日常管护责任。

第十七条　从事海洋观测活动的单位应当按照国务院海洋主管部门的规定，将获取的海洋观测资料向有关海洋主管部门统一汇交。

国务院海洋主管部门和沿海县级以上地方人民政府海洋主管部门应当妥善存储、保管海洋观测资料，并根据经济建设和社会发展需要对海洋观测资料进行加工整理，建立海洋观测资料数据库，实行资料共享。

海洋观测资料的汇交、存储、保管、共享和使用应当遵守保守国家秘密法律、法规的规定。

第十八条 国家机关决策和防灾减灾、国防建设、公共安全等公益事业需要使用海洋观测资料的，国务院海洋主管部门和沿海县级以上地方人民政府海洋主管部门应当无偿提供。

第十九条 国际组织、外国的组织或者个人在中华人民共和国领域和中华人民共和国管辖的其他海域从事海洋观测活动，依照《中华人民共和国涉外海洋科学研究管理规定》的规定执行。

国际组织、外国的组织或者个人在中华人民共和国领域和中华人民共和国管辖的其他海域从事海洋观测活动，应当遵守中华人民共和国的法律、法规，不得危害中华人民共和国的国家安全。

第二十条 任何单位和个人不得擅自向国际组织、外国的组织或者个人提供属于国家秘密的海洋观测资料和成果；确需提供的，应当报国务院海洋主管部门或者沿海省、自治区、直辖市人民政府海洋主管部门批准；有关海洋主管部门在批准前，应当征求本级人民政府有关部门的意见，其中涉及军事秘密的，还应当征得有关军事机关的同意。

第四章 海洋预报

第二十一条 国务院海洋主管部门和沿海县级以上地方人民政府海洋主管部门所属的海洋预报机构应当根据海洋观测资料，分析、预测海洋状况变化趋势及其影响，及时制作海洋预报和海洋灾害警报，做好海洋预报工作。

国务院海洋主管部门和沿海县级以上地方人民政府海洋主管部门所属的海洋预报机构应当适时进行海洋预报和海洋灾害警报会商，提高海洋预报和海洋灾害警报的准确性、及时性。

第二十二条 海洋预报和海洋灾害警报由国务院海洋主管部门和沿海县级以上地方人民政府海洋主管部门所属的海洋预报机构按照职责向公众统一发布。其他任何单位和个人不得向公众发布海洋预报和海洋灾害警报。

第二十三条 国务院有关部门、沿海地方各级人民政府和沿海县级以上地方人民政府有关部门应当根据海洋预报机构提供的海洋灾害警报信息采取必要措施，并根据防御海洋灾害的需要，启动相应的海洋灾害应急预案，避免或者减轻海洋灾害。

第二十四条　沿海县级以上地方人民政府指定的当地广播、电视和报纸等媒体应当安排固定的时段或者版面，及时刊播海洋预报和海洋灾害警报。

广播、电视等媒体改变海洋预报播发时段的，应当事先与有关海洋主管部门协商一致，但是因特殊需要，广播电视行政部门要求改变播发时段的除外。对国计民生可能产生重大影响的海洋灾害警报，应当及时增播或者插播。

第二十五条　广播、电视和报纸等媒体刊播海洋预报和海洋灾害警报，应当使用国务院海洋主管部门和沿海县级以上地方人民政府海洋主管部门所属的海洋预报机构提供的信息，并明示海洋预报机构的名称。

第二十六条　沿海县级以上地方人民政府应当建立和完善海洋灾害信息发布平台，根据海洋灾害防御需要，在沿海交通枢纽、公共活动场所等人口密集区和海洋灾害易发区建立海洋灾害警报信息接收和播发设施。

第二十七条 国务院海洋主管部门和沿海省、自治区、直辖市人民政府海洋主管部门应当根据海洋灾害分析统计结果，商本级人民政府有关部门提出确定海洋灾害重点防御区的意见，报本级人民政府批准后公布。

在海洋灾害重点防御区内设立产业园区、进行重大项目建设的，应当在项目可行性论证阶段，进行海洋灾害风险评估，预测和评估海啸、风暴潮等海洋灾害的影响。

第二十八条 国务院海洋主管部门负责组织海平面变化和影响气候变化的重大海洋现象的预测和评估，并及时公布预测意见和评估结果。

沿海省、自治区、直辖市人民政府海洋主管部门应当根据海洋灾害防御需要，对沿海警戒潮位进行核定，报本级人民政府批准后公布。

第五章 法律责任

第二十九条 国务院海洋主管部门及其海区派出机构、沿海县级以上地方人民政府海洋主管部门，不依法作出行政许可或者办理批准文件，发现违法行为或者接到对违法行为的举报不予查处，或者有其他未依照本条例规定履行职责的行为的，对直接负责的主管人员和其他直接责任人员依法给予处分；直接负责的主管人员和其他直接责任人员构成犯罪的，依法追究刑事责任。

第三十条　国务院海洋主管部门及其海区派出机构、沿海县级以上地方人民政府海洋主管部门所属的海洋预报机构瞒报、谎报或者由于玩忽职守导致重大漏报、错报、迟报海洋灾害警报的，由其上级机关或者监察机关责令改正；情节严重的，对直接负责的主管人员和其他直接责任人员依法给予处分；直接负责的主管人员和其他直接责任人员构成犯罪的，依法追究刑事责任。

第三十一条　设立、调整海洋观测站（点）未按照规定备案的，由有关海洋主管部门责令限期改正，处2万元以上10万元以下的罚款；不符合海洋观测网规划的，责令限期拆除；逾期不拆除的，依法实施强制拆除，所需费用由违法者承担。

第三十二条　违反本条例规定，有下列行为之一的，由有关海洋主管部门责令停止违法行为，限期恢复原状或者采取其他补救措施，处2万元以上20万元以下的罚款；逾期不恢复原状或者不采取其他补救措施的，依法强制执行；造成损失的，依法承担赔偿责任；构成犯罪的，依法追究刑事责任：

（一）侵占、毁损或者擅自移动海洋观测站（点）及其设施的；

（二）在海洋观测环境保护范围内进行危害海洋观测活动的。

第三十三条 违反本条例规定，有下列行为之一的，由有关主管部门责令限期改正，给予警告；逾期不改正的，处1万元以上5万元以下的罚款：

（一）不遵守国家海洋观测技术标准、规范或者规程的；

（二）使用不符合国家有关产品标准、规范或者海洋观测技术要求的海洋观测仪器设备的；

（三）使用未经检定、检定不合格或者超过检定周期的海洋观测计量器具的。

违反本条第一款第二项、第三项规定的，责令限期更换有关海洋观测仪器设备、海洋观测计量器具。

第三十四条 从事海洋观测活动的单位未按照规定汇交海洋观测资料的,由负责接收海洋观测资料的海洋主管部门责令限期汇交;逾期不汇交的,责令停止海洋观测活动,处2万元以上10万元以下的罚款。

第三十五条 单位或者个人未经批准,向国际组织、外国的组织或者个人提供属于国家秘密的海洋观测资料或者成果的,由有关海洋主管部门责令停止违法行为;有违法所得的,没收违法所得;构成犯罪的,依法追究刑事责任。

第三十六条 违反本条例规定发布海洋预报或者海洋灾害警报的,由有关海洋主管部门责令停止违法行为,给予警告,并处2万元以上10万元以下的罚款;构成违反治安管理行为的,依法给予治安管理处罚;构成犯罪的,依法追究刑事责任。

第三十七条 广播、电视、报纸等媒体有下列行为之一的,由有关主管部门责令限期改正,给予警告;情节严重的,对直接负责的主管人员和其他直接责任人员依法给予处分:

(一)未依照本条例规定刊播海洋预报、海洋灾害警报的;

（二）未及时增播或者插播对国计民生可能产生重大影响的海洋灾害警报的；

（三）刊播海洋预报、海洋灾害警报，未使用海洋主管部门所属的海洋预报机构提供的信息的。

第六章 附　　则

第三十八条 本条例下列用语的含义是：

（一）海洋观测，是指以掌握、描述海洋状况为目的，对潮汐、盐度、海温、海浪、海流、海冰、海啸波等进行的观察测量活动，以及对相关数据采集、传输、分析和评价的活动。

（二）海洋预报，是指对潮汐、盐度、海温、海浪、海流、海冰、海啸、风暴潮、海平面变化、海岸侵蚀、咸潮入侵等海洋状况和海洋现象开展的预测和信息发布的活动。

（三）海洋观测站（点），是指为获取海洋观测资料，在海洋、海岛和海岸设立的海洋观测场所。

（四）海洋观测设施，是指海洋观测站（点）所使用的观测站房、雷达站房、观测平台、观测井、观测船、浮标、潜标、海床基、观测标志、仪器设备、通信线路等及附属设施。

（五）海洋观测环境，是指为保证海洋观测活动正常进行，以海洋观测站（点）为中心，以获取连续、准确和具有代表性的海洋观测数据为目标所必需的最小立体空间。

第三十九条　中国人民解放军的海洋观测预报工作，按照中央军事委员会的有关规定执行。

海洋环境监测及监测信息的发布，依照有关法律、法规和国家规定执行。

第四十条　本条例自2012年6月1日起施行。

海洋观测预报管理条例

HAIYANG GUANCE YUBAO GUANLI TIAOLI

经销/新华书店
印刷/保定市中画美凯印刷有限公司
开本/850毫米×1168毫米 32开 印张/0.75 字数/7千
版次/2023年12月第1版 2023年12月第1次印刷

中国法制出版社出版
书号 ISBN 978-7-5216-4010-6 定价：5.00元

北京市西城区西便门西里甲16号西便门办公区
邮政编码：100053 传真：010-63141600
网址：http://www.zgfzs.com 编辑部电话：010-63141663
市场营销部电话：010-63141612 印务部电话：010-63141606

(如有印装质量问题，请与本社印务部联系。)

ISBN 978-7-5216-4010-6

定价：5.00元